ERWACHEN DES DRITTEN AUGES

EIN LEITFADEN FÜR ANFÄNGER ZUR ERWECKUNG DES DRITTEN AUGES

TAYLOR TURNER

CONTENTS

EINFÜHRUNG

Wenn Sie heute den Weg zum Lesen dieses Buches gefunden haben, machen Sie vielleicht gerade eine Phase durch, in der sich nichts "richtig" anfühlt. Das kann ein erfolgloser Job sein oder eine gescheiterte Beziehung, oder es hat gar nichts mit äußeren Ereignissen zu tun. In unserem Leben geschehen verschiedene Dinge, aber wenn wir keine Verbindung zu unserem Innersten herstellen können, haben wir das Gefühl, dass wir unseren eigenen Erfahrungen fremd sind. Das kann eine Menge Unzufriedenheit und Unglücklichsein verursachen. Was hältst du also davon, mit mir auf eine Reise zu gehen? Spiritualität geht weit über die Vorstellung eines Weisen hinaus, der im Schneidersitz in den Bergen sitzt und meditiert. Wenn das etwas ist, worauf Sie Lust haben, dann machen Sie es auf jeden Fall. Aber das ist nicht alles. Um eine Verbindung zu sich selbst herzustellen, müssen Sie nicht durch extremes Leid oder schlimme Lebenssituationen gehen. Es erfordert einfach Glauben und Disziplin.

Als spirituelles Erwachen wird eine Aufforderung zu größerem Bewusstsein und geistiger Bewusstheit bezeichnet. Das spirituelle Erwachen führt zu einer persönlichen Transformation und einer Veränderung der eigenen Weltsicht und des konzeptionellen Rahmens.

Spirituelles Erwachen ist mit einer Zunahme des Bewusstseins und der Fähigkeit verbunden, Liebesenergie zu erzeugen und zu empfangen. Wir verbinden und vereinen uns schließlich mit höheren Anteilen von uns selbst, vor allem durch unseren offenen Geist und unser erweitertes Bewusstsein. Es ist, als würde unser

Bewusstsein zu einer volleren, schöneren Form aufblühen. Es ist, als würden Sie einen neuen Planeten entdecken oder zum ersten Mal Musik hören.

Der Mensch wird häufig als eine vorprogrammierte automatische Maschine dargestellt, deren Bediener einschläft. Wenn der Bediener aufwacht und die Kontrolle über das Steuerrad übernimmt, nennt man dies Erwachen. Während des spirituellen Erwachens erweitern wir unser Bewusstsein über unseren scheinbaren physischen Aktionsradius hinaus. Wenn wir uns öffnen und mehr durch unser Herz leben, schreiten wir in das Herzbewusstsein voran. Auf diese Weise bringen wir allmählich höhere Aspekte von uns selbst ins Bewusstsein, wie unsere Intuition, unsere Seele und unser Höheres Selbst (Geist). Während die Seele unsere Persönlichkeit widerspiegelt, ermöglicht es uns der Geist, Kontakt mit spirituellen Bereichen aufzunehmen, mit Dingen, die größer sind und über die bloße physische Existenz hinausgehen. Wir werden uns dieser Aspekte des Selbst zunehmend bewusst und kommunizieren mit ihnen.

Gleichzeitig bemerken wir eine fortschreitende Veränderung auf allen anderen Ebenen, einschließlich der physischen, emotionalen, zerebralen und Energie-/Lichtebene. Wenn wir die Dinge von einem energetischen Standpunkt aus betrachten, erhöhen wir unsere Energieschwingung, wenn wir spirituell fortschreiten. Alles schwingt bis zu einem gewissen Grad. Materie schwingt zum Beispiel auf einem sehr niedrigen Niveau im Vergleich zu Klang und Licht, während liebevolle Gedanken und Gefühle auf einem sehr hohen Niveau schwingen im Vergleich zu egoistischen Gedanken und Gefühlen. Wenn wir unsere Energieschwingung anheben, beginnen wir, Licht auszustrahlen und die Energiefrequenz von allem um uns herum anzuheben, auch von Menschen und physischer Materie. Ihr Herz, Ihr Geist und Ihr Körper werden zu himmlischen Trägern.

Das Erwachen ist im Kern der Tod des eigenen illusorischen Selbstverständnisses. Es ist eine absichtliche Bewegung weg von einer falschen Identität, die uns zu dem zurückführt, was wir im Grunde sind. Diese falsche Identität ist das, worauf Sie sich beziehen, wenn Sie das Wort "Ich" vor dem Erwachen aussprechen. Wenn

Menschen "Ich" sagen, beziehen sie sich gewöhnlich auf sich selbst als ein bestimmtes Individuum mit einem bestimmten Satz von Erfahrungen. Diese Person definiert, wer sie zu sein glaubt, was ich als das Ego bezeichne.

Wir glauben, dass wir dieses Selbst vor dem Erwachen sind, das sich selbst als inhärent verschieden von jedem und allem anderen wahrnimmt. Die Wahrheit ist, dass wir alle undifferenzierte und ungeteilte Repräsentationen des einen Bewusstseins sind. Innerhalb dieses einen Bewusstseins entsteht eine unendliche Vielfalt von gleichzeitigen Erfahrungen, und ein gemeinsames Element dieser Erfahrungen ist ein Gefühl der Identität, ein Gefühl des "Ich". Jemand, der "wach" ist, hat sein zentrales "Ich"-Gefühl verloren (obwohl es normalerweise Reste von Ego oder "Schatten-Ich" gibt, die mit der Zeit beseitigt werden).

Wenn Menschen dies zum ersten Mal hören, nehmen sie in der Regel an, dass jemand, der seinen Sinn für das "Ich" verloren hat, gestorben oder verrückt geworden ist oder sich in eine fade, oberflächliche Hülle von Person verwandelt hat. Das ist aber überhaupt nicht der Fall. Stellen Sie sich folgendes Szenario vor: Seit Sie ein Baby waren, haben Sie immer geglaubt, Sie seien ein Rentier. Infolgedessen haben Sie sich Ihr ganzes Leben lang so verhalten wie ein Rentier, so gut es ging.

Wenn du Hunger hattest, hast du Gras vom Rasen gefressen; statt zu sprechen, hast du geschnaubt und deine imaginäre Mähne geschüttelt; und wenn dich jemand verärgert hat, hast du dich bemüht, ihn mit den Hörnern anzugreifen, die angeblich seitlich aus deinem Kopf sprießen. Mit dreißig wären Sie ein Erwachsener, der sich immer nur als Rentier gesehen hat. Wenn Sie auf die Idee kämen, dass Sie vielleicht doch kein Rentier sind, wäre die Vorstellung erschreckend - sich vorzustellen, wie es wäre, nach so vielen Jahren kein Rentier zu sein, wäre praktisch unmöglich. Trotz Ihrer Ängste ist es offensichtlich, dass es in Ihrem besten Interesse ist, Ihre Rentier-Identität loszulassen und so zu leben, wie Sie wirklich sind. Wenn Sie sich schließlich als Mensch sehen würden, wüssten Sie anfangs vielleicht nicht, wie Sie sich verhalten sollen, weil Sie sich noch nie wie ein Mensch verhalten haben, und alle Ihre Rentier-Eigenschaften wären tief in Ihr Verhalten eingebettet. Es könnte einige Zeit dauern, bis Sie sich Ihrer Menschlichkeit voll bewusst werden, und Sie würden sich in der Zwischenzeit wahrscheinlich weiterhin wie ein Rentier verhalten, aber die Illusion ist gebrochen. Sie sind sich sehr wohl bewusst, dass Sie ein Mensch sind, und es wird nur eine Frage der Zeit sein, bis Sie anfangen, sich wie ein Mensch zu verhalten. Es mag ein schwieriger Prozess sein, aber ganz gleich, wie glücklich Sie sich als Rentier gefühlt haben, Sie müssen diese Verwandlung für Ihr eigenes geistiges und emotionales Wohlbefinden durchlaufen. Das ist natürlich ein extremes und abwegiges Beispiel, aber es veranschaulicht den Punkt gut.

Im weiteren Verlauf werden Sie erkennen, dass die Erweckung Ihres inneren Wesens der Schlüssel zum Verständnis dessen ist, wer Sie wirklich sind und was Ihr Lebenszweck ist. Vielleicht haben Sie sich vorgemacht, dass Sie Ihr Leben in Bezug auf bestimmte Dinge leben. Es ist an der Zeit, das zu ändern und Ihr wahres Selbst zu verstehen und zu akzeptieren.

KAPITEL 1: WAS IST DAS DRITTE AUGE?

Das *Ajna-Chakra* ist, vom spirituellen Standpunkt aus gesehen, das dritte Auge. Unser Körper hat sieben Energiezentren, in denen sich Nervenpunkte treffen. Das *Ajna-Chakra* ist ein Ort der Energie, der sich zwischen unseren Augenbrauen befindet. Dieser Punkt ist mit der Intuition oder der Fähigkeit, Dinge jenseits der fünf Sinne zu erkennen, verbunden.

Die Hypophyse und der Hypothalamus sind mit dem *Ajna Chakra* verbunden. Wenn unser Gehirn verschiedene Dinge wahrnimmt, sendet es unterschiedliche Wellen aus.

Wenn wir uns friedlich, entspannt oder zutiefst glücklich fühlen, erzeugen wir Alphawellen. Die Schwingungen der Alphawellen sind ruhiger, und sie wirken wie ein Sonar. Es ist bekannt, dass die Gehirne von Delfinen ein hohes Niveau an Alphawellen aufweisen, was ihnen bei der Navigation im Meer hilft. Ihr Sonar funktioniert ähnlich wie das eines U-Boots. Physisch gesehen ermöglicht die Weichheit der Hypophyse und des Hypothalamus die Ausbreitung der Alphawellen.

Die stärksten Wellen sind die Gamma-Wellen, die in einem tiefen meditativen Zustand, dem so genannten *Samadhi*, zu spüren sind.

Wenn unser Körper im Einklang mit der Natur ist, erzeugt unser Gehirn Alphawellen. Wenn unser Verhalten und unsere Gedanken im Einklang mit der Natur sind, fühlt sich unser ganzes Selbst wie ein Teil des Kosmos. Wenn die Alphawellenaktivität eines Menschen hoch ist, offenbart ihm die Natur bestimmte Dinge. Dies wird gemeinhin als Intuition bezeichnet. Die Erfahrung der Gammawellenemission tritt nur auf, wenn wir in unserem feinstofflichen Körper, dem inneren Ausdruck unseres Wesens, häufig Alphawellenemissionen haben. Das *Ajna-Chakra* wird durch Gamma-Wellen-Emissionen aktiviert. Wir fühlen ein Gefühl der Leichtigkeit in unserem Kopf, wenn das dritte Auge aktiviert ist.

Das *Ajna-Chakra* ist das sechste der sieben Energiezentren der Chakren. Wenn dieses Chakra im Gleichgewicht ist, kann man frei denken und sprechen. Jedes Chakra ist mit einer bestimmten Farbe verbunden, so wie wir unsere Geburtsmonate mit bestimmten Steinen in Verbindung bringen. Indigo ist der Farbton, der dieses Chakra am besten repräsentiert. Königsblau oder dunkle Blautöne werden mit innerer Göttlichkeit in Verbindung gebracht. Daher ermöglicht Indigo auch den Zugang zum Göttlichen. Die Farbe Indigo wird mit Weisheit und innerem Wissen in Verbindung gebracht. Sie bringt Klarheit für alle fünf Sinne des Körpers. Indigo ist eine Farbe, die den Übergang von niedriger Chakra-Energie in höhere spirituelle Schwingungen fördert.

Dieses Chakra ist fest mit höchster Weisheit und spiritueller Erleuchtung verbunden. Es ist eine Leitung zu höherem Bewusstsein und kanalisiert Energie in Richtung universeller Weisheit.

Das dritte Augenchakra befindet sich in der Mitte des Kopfes, zwischen den Augenbrauen. Das dritte Auge gewährt Einblick in die Zukunft, während die beiden physischen Augen die Gegenwart beobachten. Unsere physischen Augen sind auch die Landkarten zu unserer Vergangenheit, denn Vergangenheit und Gegenwart sind von Natur aus miteinander verbunden; erstere kann nicht ohne die Entstehung der letzteren existieren. Durch das innere Sehen stellt dieses Chakra eine Verbindung mit der Außenwelt her. Die Konzentration auf das dritte Auge inspiriert uns, uns über weltliche Begierden und Ablenkungen zu erheben. *Ajna* bedeutet "Wahrnehmung", kann aber auch "bewusst werden" und "Kontrolle" bedeuten.

Wenn dieses Chakra aus dem Gleichgewicht geraten ist, neigen Sie eher zu Starrheit, Zorn, Verurteilung und Nicht-Akzeptanz von Personen und Situationen, die anders sind. Ein blockiertes Drittes-Augen-Chakra macht auch Angst vor der tatsächlichen Leistung und dem Erreichen von Zielen, da man in diesem Prozess seine Identität aufgeben und jemand anderes werden muss.

Wenn Ihr *Ajna-Chakra* in Harmonie ist, können Sie sich selbst genau beobachten und verstehen. Sie werden die Fähigkeit haben, die besten Entscheidungen zu treffen und Menschen und Situationen genau zu beurteilen. Du kannst die "Wahrheit" sehen, die uns umgibt, indem du einfach die Kraft deines Geistes und deiner Intuition nutzt.

Aber zu viel des Guten kann auch schlecht werden! Wenn Ihr *Ajna-Chakra* überaktiv ist, leben Sie vielleicht in einer Fantasiewelt. Sie können sich von der Realität abkoppeln und finden es schwierig, Ihr Leben zu leben. Sie glauben vielleicht, dass das Leben ungerecht ist und dass die Welt an Ihren Problemen schuld ist. Dies kann zu Orientierungslosigkeit, Depressionen und Konzentrationsproblemen führen. Sie können sogar Halluzinationen haben und Alltagssituationen falsch interpretieren. Sie können urteilend und übermäßig analytisch in Ihren Gedanken werden.

Wenn Ihr *Ajna-Chakra* inaktiv ist, fällt es Ihnen schwer, selbst zu denken, und Sie verlassen sich auf Autoritäten, die für Sie Entscheidungen treffen. Sie werden eine starre Denkweise entwickeln und übermäßig viel Vertrauen in Ihre Meinungen setzen, was Sie leicht verwirrt. Sie werden wahrscheinlich Schwierigkeiten haben, die spirituelle Seite der Dinge zu begreifen und die Verbindung zwischen Ihrem inneren und äußeren Selbst zu sehen. Dies führt zu einem Mangel an Einfühlungsvermögen für die Menschen um Sie herum, was Ihre Vision trübt und es schwierig macht, sich ein Leben vorzustellen, das Sie leben möchten.

Woher weiß man also, dass man sich im Prozess der Aktivierung des dritten Auges befindet? Du bekommst ein Gefühl. Du spazierst durch den Wald und hast die Möglichkeit, einen von zwei Wegen einzuschlagen. Dein Bauchgefühl sagt dir, dass du auf dem richtigen Weg bist. Oder Ihr Telefon klingelt, und Sie wissen, wer der Anrufer ist, ohne hinzusehen. Sie treffen jemanden und Ihre Intuition sagt Ihnen, dass er nicht vertrauenswürdig ist. Intuition ist ein mächtiges Werkzeug. Alle diese Szenarien haben etwas mit dem dritten Auge zu tun. Sie werden zweifellos mit ähnlichen Situationen in Berührung kommen, wenn Sie spirituell fortschreiten. Je mehr sich Ihr drittes Auge öffnet, desto intuitiver werden Sie.

Es braucht Zeit, um das dritte Auge zu öffnen. Am Anfang spürst du vielleicht einen gewissen Druck zwischen deinen Augen, wo sich das dritte Auge befindet. Lass dich davon nicht beunruhigen, denn es ist nicht dauerhaft.

Ihre Träume werden lebendiger, und Sie können sich besser an sie erinnern, während Ihr drittes Auge aktiviert wird. Vielleicht haben Sie auch eine Menge Déjà-vu-Erlebnisse. Du wirst wahrscheinlich kreativer werden, den Drang verspüren, in die Natur zu gehen, und du wirst merken, dass deine Intuition von Tag zu Tag schärfer wird.

Dies sind nur einige der Phänomene, die Sie nach der Aktivierung Ihres *Ajna Chakras* erleben können. Im nächsten Kapitel werden wir die Geschichte des dritten Auges erforschen, um seine Rolle in religiösen, spirituellen und philosophischen Gedankengängen besser zu verstehen.

KAPITEL 2: GESCHICHTE DES DRITTEN AUGES

Henri Ellenberger (1970) untersuchte in seinem Mammutwerk "*Die Entdeckung des Unbewussten*" die frühen westlichen Beiträge zum Gebiet der Psychiatrie. Der Titel unterstreicht, dass das Unbewusste zwar immer präsent ist, wir aber seine Funktionen und Präsenz meist nicht kennen.

Die Psychoanalytiker Sigmund Freud und Carl Jung sind im zwanzigsten Jahrhundert herausragend. Ihre Schriften werden häufig diskutiert und es gibt zahlreiche Websites, die ihnen gewidmet sind. Die Begriffe Ich, Es und Über-Ich wurden von Sigmund Freud, dem Begründer der Psychoanalyse, eingeführt. Er entwickelte diese Konzepte zusammen mit der Dichotomie von bewusst und unbewusst. Jungs Methode ist wesentlich komplizierter, da er Begriffe wie das kollektive Unbewusste und Archetypen einführte.

In seinem Anfang des 19. Jahrhunderts erschienenen Werk *Die Welt als Wille und Vorstellung* (1819) brachte Arthur Schopenhauer den menschlichen Willen mit dem Unbewussten in Verbindung. Im Wesentlichen behauptete Schopenhauer, dass die Irrationalität des Menschen hauptsächlich auf die dunklen, tief verborgenen Energien des Unbewussten zurückzuführen ist. Es handelt sich dabei um Wirkungen, die dem Durchschnittsmenschen gar nicht bewusst sind. Carl Gustav Carus (1846) schlug den ersten Begriff des Unbewussten in seinem Werk *Psyche* vor. Dessoir (1890) vertrat in seinen Überlegungen zur menschlichen Psyche die These vom Doppel-Ich. Seiner Definition zufolge gibt es ein Überbewusstsein und ein Unterbewusstsein (vermutlich das Unbewusste). Noch faszinierender ist die Untersuchung von Theodore Flournoy (1899), der die unbewussten Ursprünge von Kommunikationen untersuchte, von denen man früher annahm, sie kämen aus dem spirituellen Bereich. Theodor Lipps (1896) schlug vor, dass Bilder der Vergangenheit in einem selbst aktiv sind, ohne dass man sich ihrer Präsenz und Aktivität bewusst ist. Er prägte die Analogie vom Unbewussten als untergetauchten Bergen und dem Bewusstsein als deren freiliegenden Gipfeln. Mit dieser Parallele argumentierte er, dass das Unbewusste eine psychologische Angelegenheit ist.

Rene Descarte betonte die Bedeutung der Zirbeldrüse in seinen Briefen, in seinem ersten Werk, der *Abhandlung über den Menschen* (1633), und in seinem letzten Buch, *Die Leidenschaften der Seele* (1649). Er war der Ansicht, dass die Zirbeldrüse aufgrund ihrer zentralen Lage im Gehirn der eigentliche Sitz der menschlichen Seele ist.

Die Zirbeldrüse befindet sich in der Mitte des Gehirns, zwischen den beiden Hemisphären. Die Zirbeldrüse besteht hauptsächlich aus Zirbeldrüsenzellen, die Melatonin produzieren, und aus Gliazellen, einer Art von Gehirnzellen, die Neuronen unterstützen.

In *Die Leidenschaften der Seele* teilt Descartes den Menschen in einen Körper und eine Seele auf und unterstreicht, dass die Seele über eine kleine Drüse inmitten der Gehirnsubstanz mit dem gesamten Körper verbunden ist. Descartes schätzte die Drüse, weil er glaubte, dass sie der einzige Teil des Gehirns war, der sich als eine Einheit und nicht als eine Hälfte eines Paares entwickelte.

Die Zirbeldrüse ist in der Tat seit der Antike ein Bestandteil der menschlichen Zivilisation. In den umfangreichen Schriften von Galen (ca. 130 n. Chr. - ca. 210 n. Chr.), dem griechischen Mediziner und Philosophen, der die meiste Zeit in Rom verbrachte und dessen System das medizinische Denken bis ins siebzehnte Jahrhundert beeinflusste, finden sich die erste Beschreibung der Zirbeldrüse und Vorstellungen über ihre Aktivitäten.

Galen beschrieb die Zirbeldrüse im achten Band seiner anatomischen Abhandlung über die Wirksamkeit der Teile des Körpers. Er erwähnte, dass sie ihren Namen von den Nüssen in den Kiefernzapfen hat. Er nannte sie aufgrund ihres Aussehens eine Drüse und erklärte, dass sie dieselbe Funktion wie alle anderen Drüsen im Körper hat: Sie unterstützt die Blutgefäße.

Die folgenden zwei Punkte sollten beachtet werden, um den Rest von Galens Ausführungen zu verstehen. Zunächst einmal unterschied sich seine Nomenklatur von der unseren. Er betrachtete die Seitenventrikel des Gehirns als einen einzigen, gepaarten Ventrikel, den er als vorderen Ventrikel bezeichnete. Folglich nannte er den dritten Ventrikel den mittleren und den vierten Ventrikel den hinteren Ventrikel. Zweitens glaubte er, dass diese Ventrikel mit "psychologischem Pneuma" gefüllt waren, einer zarten, flüchtigen, luftigen oder dampfförmigen Flüssigkeit, die er als "das erste Instrument der Seele" bezeichnete.

Galen unternahm enorme Anstrengungen, um einen Standpunkt zu widerlegen, der zu jener Zeit populär zu sein schien, dessen Autoren oder Verfechter er jedoch nicht nannte. Ihnen zufolge regelt die Zirbeldrüse den Fluss des psychischen Pneumas im Kanal zwischen dem mittleren und dem hinteren Ventrikel des Gehirns, ähnlich wie der Pylorus die Nahrungspassage von der Speiseröhre zum Magen reguliert. Galen kritisierte diese Hypothese, weil die Zirbeldrüse mit der Außenseite des Gehirns verbunden ist und sich nicht von selbst bewegen kann. Er stellte fest, dass das "wurmartige Anhängsel" [Epiphyse oder Apophyse] des Kleinhirns (heute als Vermis superior cerebelli bekannt) wesentlich besser in der Lage ist, diese Aufgabe zu erfüllen.

Galens Ansichten wurden häufig erweitert oder geändert, obwohl er bis ins siebzehnte Jahrhundert hinein die unbestrittene medizinische Autorität war. Die Aufnahme einer ventrikulären Lokalisierungstheorie der psychologischen Fähigkeiten in Galens Erklärung des Gehirns ist ein frühes Beispiel für diesen Vorgang. Posidonius von Byzanz (Ende des vierten Jahrhunderts n. Chr.) stellte die früheste Hypothese dieser Art auf, indem er behauptete, dass die Vorstellungskraft dem vorderen Teil des Gehirns, die Vernunft dem mittleren Ventrikel und das Gedächtnis dem hinteren Teil des Gehirns zuzuordnen sei. Nemesius von Emesa war einige Jahrzehnte später noch deutlicher und behauptete, der vordere Ventrikel sei das Organ der Vorstellungskraft, der mittlere Ventrikel das Organ der Vernunft und der hintere Ventrikel das Organ des Gedächtnisses. Bis zur Mitte des sechzehnten Jahrhunderts war die letztgenannte Auffassung praktisch allgemein akzeptiert, aber es gab viele Varianten.

Nach Descartes ist der Körper nichts anderes als eine von Gott geschaffene Statue oder Maschine. Die Funktionsweise dieser Körper kann vollständig mechanisch erklärt werden. Descartes versuchte zu zeigen, dass eine solche strukturelle Erklärung viel mehr erklären kann, als man erwarten würde, denn sie kann die Nahrungsaufnahme, die Funktion des Herzens und der Arterien, die Ernährung und das Wachstum der Gliedmaßen, die Atmung, das Wachen und Schlafen sowie die Aufnahme von Licht, Geräuschen, Gerüchen, Geschmack, Wärme und anderen Eigenschaften durch die äußeren Sinnesorgane erklären. Er betrachtete unseren Körper also nicht als etwas anderes als ein Vehikel für verschiedene Aktivitäten.

Descartes betonte, dass die Seele mit dem gesamten Körper verbunden ist, bevor er zum ersten Mal die Zirbeldrüse erwähnte: "Wir müssen erkennen, dass die Seele wirklich mit dem ganzen Körper verbunden ist, und dass wir nicht sagen können, dass sie in einem Teil des Körpers unter Ausschluss der anderen existiert", sagte er. Da die Organe so eng miteinander verbunden sind, dass die Entfernung eines einzelnen Organs den gesamten Körper beeinträchtigt, ist der Körper eine Einheit, die in gewisser Weise unteilbar ist. Und die Seele ist so beschaffen, dass sie keine Beziehung zur Ausdehnung, zu den Dimensionen oder zu anderen Eigenschaften des Materials hat, aus dem der Körper besteht: Sie ist nur mit der Gesamtheit der Organe verbunden. Das zeigt sich darin, dass wir nicht in der Lage sind, eine Hälfte oder ein Drittel einer Seele oder den Raum, den eine Seele einnimmt, zu begreifen. Die Seele schrumpft nicht, wenn ein Teil des Körpers entfernt wird, aber sie wird vollständig vom Körper getrennt, wenn die Organe des Körpers abgebaut werden. Obwohl die Seele mit dem gesamten Körper verbunden ist, gibt es einen Teil des Körpers, in dem sie ihre Aktivitäten spezifischer ausführt als im übrigen Körper. Das Herz oder das gesamte Gehirn sind nicht die Teile des Körpers, in denen die Seele direkt ihre Aufgaben wahrnimmt. Es ist die innerste Region des Gehirns, die eine winzige Drüse ist, die über der Bahn hängt, durch die sich die Geister der vorderen Gehirnhöhlen mit denen der hinteren verbinden. Die kleinsten Bewegungen dieser Drüse können einen erheblichen Einfluss auf den Weg dieser Geister haben, und jede noch so kleine Veränderung des Weges der Geister kann einen erheblichen Einfluss auf die Bewegungen der Drüse haben.

Er fuhr fort, dass er glaubt, dass unsere Ansichten über die Schwerkraft von unserem Verständnis der Seele geprägt sind. Descartes' Rechnung schloss die Zirbeldrüse ein, die an Empfindung, Vorstellungskraft, Gedächtnis und der Kausalität körperlicher Bewegungen beteiligt war.

Bis in die zweite Hälfte des neunzehnten Jahrhunderts wurden bei der wissenschaftlichen Erforschung der Zirbeldrüse kaum Fortschritte erzielt. Zu diesem Zeitpunkt schlugen verschiedene Forscher vor, dass die Zirbeldrüse ein phylogenetisches Relikt ist, ein Überbleibsel eines dorsalen dritten Auges. Diese These ist in abgewandelter Form auch heute noch weithin anerkannt. Die Wissenschaftler kamen auch zu dem Schluss, dass die Zirbeldrüse ein endokrines Organ ist. Im zwanzigsten Jahrhundert wurde diese Hypothese zweifelsfrei bewiesen. Melatonin, ein von der Zirbeldrüse ausgeschüttetes Hormon, wurde 1958 entdeckt. Melatonin wird im Tagesrhythmus ausgeschüttet, was insofern interessant ist, als die Zirbeldrüse als ein Überbleibsel des dritten Auges angesehen wird. In den 1990er Jahren wurde Melatonin als "Wundermittel" gepriesen und entwickelte sich zu einem der beliebtesten Nahrungsergänzungsmittel. Wissenschaftsphilosophen haben sich im zwanzigsten Jahrhundert intensiv mit der Geschichte der Zirbeldrüsenforschung befasst, die allerdings nur von kurzer Dauer war.

Die Zirbeldrüse behielt ihren erhabenen Status im Bereich der Pseudowissenschaft, als die Philosophie sie zu einem weiteren Teil des Gehirns herabstufte und die Wissenschaft sie als eine endokrine Drüse unter vielen analysierte. Madame Blavatsky, die Schöpferin der Theosophie, brachte das von den vergleichenden Anatomen ihrer Zeit entdeckte "dritte Auge" mit dem "Auge Shivas" der "Hindu-Mystiker" in Verbindung und kam zu dem Schluss, dass die Zirbeldrüse des modernen Menschen ein verkümmerter Überrest dieses "Organs der spirituellen Vision" sei. Dieser Gedanke ist in spirituellen Kreisen auch heute noch weit verbreitet.

Der Ruf des dritten Auges geht weit über seine materiellen Eigenschaften hinaus, und seine spirituellen Bedeutungen werden transzendent. Telepathie, Wahrsagerei, luzides Träumen und Astralprojektion sind alle mit einem entwickelten dritten Auge möglich.

Da das dritte Auge die Grundlage aller psychischen Fähigkeiten ist, ist keine spirituelle Lehre ohne Lehren darüber vollständig. Ohne eine starke Beherrschung dieses Chakras sind keine spirituellen Verbindungen denkbar, ohne die wir zu einer prosaischen dritt-dimensionalen Existenz verdammt sind. Bestimmte Zirbeldrüsenübungen wurden im alten Ägypten entwickelt, als die psychische Entwicklung auf ihrem Höhepunkt war.

Ich weiß, das war ein bisschen viel - aber der Kontext hilft Ihnen zu verstehen, dass Sie auf Ihrer Suche nach Göttlichkeit nicht allein sind. Andere sind Ihnen vorausgegangen, haben geforscht und debattiert und den Grundstein gelegt, damit Sie Ihre Schritte zur Verwirklichung Ihres wahren Wesens machen können. Lassen Sie uns nun weitergehen und die anderen Chakren unseres Körpers betrachten und was wir tun können, um sie im Gleichgewicht zu halten.

KAPITEL 3: DIE ANDEREN CHAKREN

Wenn du gerade erst anfängst zu lernen, wie du dein drittes Auge öffnest, ist das nicht etwas, das du an einem Nachmittag erledigen kannst - es erfordert viel Zeit und Mühe, einschließlich der Schaffung einer soliden Grundlage. Es ist von entscheidender Bedeutung, die energetische Grundlage der ersten fünf Chakren zu schaffen, beginnend mit der Wurzel, bevor man das dritte Auge öffnet. Der Versuch, das dritte Auge zu erwecken, bevor man mit den unteren fünf Chakren arbeitet, ist so, als würde man springen lernen, bevor man auf zwei Beinen stehen kann. Tatsächlich kann eine verfrühte Aktivierung des dritten Auges eine spirituelle Krise auslösen, die häufig als Psychose fehlinterpretiert wird.

Anders ausgedrückt: Wenn die Öffnung des dritten Auges dein ultimatives Ziel ist, ist es an der Zeit, mit der Klärung und dem Ausgleich der anderen Chakren zu beginnen. Wenn du das getan hast, kannst du damit beginnen, das sechste Chakra zu öffnen. Aber bedenken Sie, dass dies Zeit braucht, also seien Sie geduldig mit sich selbst, während Sie es tun.

Was sind also die anderen *Chakren*, auf die Sie sich konzentrieren müssen?

Das Wurzelchakra

Die Basis der Wirbelsäule, der Beckenboden und die ersten drei Wirbel sind alle mit dem *Wurzelchakra* verbunden. Betrachten Sie Ihr *Wurzelchakra* (in Sanskrit auch *Muladhara* genannt) als das Fundament Ihres Hauses (in diesem Fall ist das Haus Ihr Körper). Wenn es im Gleichgewicht ist, ist es solide, beständig und unterstützend. Folglich ist es für Ihr Gefühl der Sicherheit und des Überlebens zuständig. Es ist auch mit allem verbunden, was Sie benutzen, um sich zu erden, z. B. lebensnotwendige Dinge wie Nahrung, Wasser, Unterkunft und Sicherheit sowie tiefere emotionale Bedürfnisse wie das Gefühl der Sicherheit. Wie Sie vielleicht wissen, ist es weniger wahrscheinlich, dass Sie ängstlich oder besorgt sind, wenn diese Bedürfnisse befriedigt sind.

Blockaden können eine Reihe von Krankheiten verursachen, darunter Angstzustände, Stress und Albträume, so die Gläubigen. Auf körperlicher Ebene wird das erste *Chakra* mit Dickdarm-, Blasen- und Ausscheidungsstörungen sowie mit Erkrankungen des unteren Rückens, der Beine und der Füße in Verbindung gebracht.

Das *Wurzelchakra* kann, wie jedes andere *Chakra* auch, unter- oder überaktiv sein. Wenn es unteraktiv ist, kann es geschlossen oder blockiert sein, oder es dreht sich nicht effektiv. Infolgedessen fühlen wir uns vielleicht besorgt, unruhig und unsicher, mit anderen Worten, wir sind nicht geerdet. Wenn die Energien überaktiv sind, ist es, als ob sie Überstunden machen und ungesund mit der physischen und materiellen Welt verbunden werden. Ein überaktives Wurzelchakra äußert sich in übermäßigem Genuss von körperlichen Genüssen wie Essen oder Sex, einer übermäßigen Bindung an Geld und einer Besessenheit, sich sicher zu fühlen.

Übung zum Ausgleich des Wurzelchakras: Berghaltung (*Tadasana*)

Die Berghaltung, der Eckpfeiler aller Stehhaltungen, ist eine ausgezeichnete Ruhehaltung oder ein Hilfsmittel zur Verbesserung der Körperhaltung.

Schritt 1: Stellen Sie sich so hin, dass sich Ihre großen Zehen berühren und Ihre Fersen leicht auseinander stehen (so dass Ihre zweiten Zehen parallel sind). Heben und strecken Sie Ihre Zehen und Fußballen, bevor Sie sie sanft auf dem Boden ablegen. Wippen Sie von einer Seite zur anderen und hin und her. Bringen Sie das Schaukeln allmählich zum Stillstand, indem Sie Ihr Gewicht gleichmäßig auf beide Füße verteilen.

Schritt 2: Spannen Sie die Oberschenkelmuskeln an und heben Sie die Kniescheiben an, ohne den Unterbauch zu verkrampfen. Heben Sie die Knöchel an, um die inneren Gewölbe zu stärken, und visualisieren Sie dann eine Energielinie, die von den inneren Oberschenkeln zur Leiste, dann durch den Rumpf, den Hals und den Kopf bis zum Scheitel verläuft. Heben Sie dann mit einer leichten Einwärtsdrehung der Oberschenkel Ihr Schambein in Richtung Bauchnabel und strecken Sie Ihr Steißbein in Richtung Boden.

Schritt 3: Drücken Sie die Schulterblätter in den Rücken, weiten Sie sie und lassen Sie sie wieder nach unten fallen. Heben Sie das obere Ende Ihres Brustbeins gerade zur Decke, ohne die unteren vorderen Rippen nach vorne zu drücken. Vergrößern Sie die Breite Ihrer Schlüsselbeine. Legen Sie die Arme neben den Oberkörper.

Schritt 4: Halten Sie die Unterseite Ihres Kinns parallel zum Boden, den Hals weich und die Zunge breit und flach auf dem Mundboden, balancieren Sie Ihren Kopf direkt über der Mitte Ihres Beckens. Entspannen Sie Ihren Blick.

Schritt 5: Tadasana ist der häufigste Ausgangspunkt für alle stehenden Posen. Es ist jedoch von Vorteil, Tadasana als eigenständige Pose zu üben. Halten Sie die Stellung 30 Sekunden bis 1 Minute lang und atmen Sie dabei normal.

Das Sakralchakra

Dieses *Chakra* befindet sich oberhalb des Schambeins und direkt unterhalb des Nabels. *Svadhisthana* oder das zweite *Chakra* ist das schöpferische und sexuelle Energiezentrum des Körpers und beherbergt unsere Emotionen, Leidenschaften und Vergnügen - die Dinge, die uns emotional befriedigen und Freude bereiten. Wenn Ihr *Sakralchakra* ausgerichtet ist, werden Sie sich wahrscheinlich wunderbar fühlen. Das bedeutet, dass Sie sich aufgeschlossen, enthusiastisch und erfolgreich fühlen und Gefühle von Wohlbefinden, Wohlstand, Vergnügen und Freude ausstrahlen.

Ihr *Sakralchakra* kann falsch ausgerichtet sein, wenn Sie sich künstlerisch uninspiriert fühlen oder emotional instabil sind. Dies kann auch mit körperlichen sexuellen Funktionsstörungen, Angst vor Veränderungen, Verzweiflung oder suchtähnlichen Verhaltensweisen verbunden sein. Wenn Ihr *Sakralchakra* unteraktiv ist, haben Sie vielleicht eine schwache Libido, einen Mangel an Lebensfreude oder Probleme mit Hormonen und Fruchtbarkeit. Wenn Sie überaktiv sind, ist die Wahrscheinlichkeit größer, dass Sie sexuelle oder andere Süchte entwickeln und dass Sie viele emotionale Höhen und Tiefen erleben.

Übung zum Ausgleich des Sakralchakras: Göttin-Pose

Die Haltung der Göttin ermutigt uns, uns mit unserer inneren göttlichen Weiblichkeit zu verbinden und unsere Stärke und Entschlossenheit mit tiefer innerer Weisheit in Einklang zu bringen.

Vorsichtsmaßnahme: Wenn Sie eine Verletzung an Ihren Hüften, Beinen, Knöcheln oder Füßen haben, ist diese Position möglicherweise nicht für Sie geeignet.

Schritt 1: Machen Sie einen großen, offenen Schritt mit dem rechten Fuß in Richtung Rückseite der Matte und beginnen Sie in Tadasana (eine bequeme Stehhaltung, bei der die Füße hüftbreit und parallel oben auf der Matte stehen). Bilden Sie mit Ihren Zehen einen 45-Grad-Winkel. Fortgeschrittene können damit beginnen, ihre Fersen mit den Zehen (und der langen Mattenkante) auszurichten.

Schritt 2: Beugen Sie die Knie, so dass sie direkt über den Knöcheln liegen, und bewegen Sie die Knie in Richtung der zweiten und dritten Zehe jedes Fußes. Senken Sie unter Einbeziehung der Körpermitte das Steißbein und lassen Sie die Hüften sinken. Ziehen Sie den Bauchnabel näher an die Wirbelsäule heran, indem Sie den Beckenboden anheben.

Schritt 3: Spreizen Sie die Finger und strecken Sie die Arme nach vorne, so dass sich die kleinen Finger nach innen drehen. Die Schulterblätter können über den Rücken gleiten, wenn die Hände einander zugewandt sind.

Schritt 4: Verlängern Sie die Wirbelsäule, indem Sie sie durch die Herzmitte anheben und die beweglichen Rippen nach innen bringen.

Schritt 5: Atmen Sie fünf Minuten lang tief ein, wobei die Ausatmung etwas länger als die Einatmung sein sollte.

Für Variationen legen Sie Ihre Hände auf die Oberschenkel und drehen sich. Atmen Sie tief in den Bauch ein. Atmen Sie aus und bringen Sie die rechte Schulter in die Körpermitte, wobei der Blick über die linke Schulter geht. Atmen Sie in den Bauchnabel ein und atmen Sie durch die Körpermitte aus. Dann atmen Sie aus und blicken Sie über die rechte Schulter, während Sie die linke Schulter in die Mitte sinken lassen.

Das Solarplexus-Chakra

Es heißt, dass dieses *Chakra* alles kontrolliert, was mit dem Stoffwechsel, der Verdauung und dem Magen zu tun hat, vom Nabel bis ungefähr zum Brustkorb. Das dritte *Chakra*, das den Sanskrit-Namen *Manipura* trägt, was "glänzender

Edelstein" bedeutet, gilt als Quelle der persönlichen Kraft. Individuelle Willenskraft, persönliche Macht und Hingabe werden von diesem Chakra kontrolliert.

Sie haben möglicherweise ein geringes Selbstwertgefühl, Schwierigkeiten, Entscheidungen zu treffen, und Ärger oder Kontrollprobleme, wenn Sie daran gehindert werden. Es geht nicht nur darum, sich selbst schlecht zu fühlen; es kann auch zu äußerer Apathie, Aufschieberitis oder dem Gefühl führen, leicht ausgenutzt zu werden. Möglicherweise haben Sie auch Bauchschmerzen, wie Verdauungsprobleme oder Blähungen.

Wenn das Solarplexus-Chakra blockiert ist, kämpfen wir mit Selbstzweifeln und damit, unser höchstes, wahres Selbst zu sein. Andererseits sind Indikatoren für einen überaktiven Solarplexus ein zügelloses Ego, das sich als machthungriges und egoistisches Verhalten manifestiert, sowie manisches Verhalten und hyperaktive Energie.

Übung zum Ausgleich des Solarplexus-Chakras: Bootspose (*Navasana*)

Die Bootshaltung verlangt von Ihnen, die Aktivität Ihrer Gliedmaßen und Ihres Rumpfes zu koordinieren und gleichzeitig Ihre Wirbelsäule zu stärken. Sie wird Sie über Ihre Atmung, Ihre Aufmerksamkeitsspanne, Ihre Emotionen und vielleicht Ihre eigene Persönlichkeit aufklären. Selbst eine einfache Haltung wie Navasana kann schließlich Ihr Selbst - Ihren innersten Kern - jenseits von Muskeln, Nerven, Gelenken und Organen erreichen. Der Bauch bewegt sich in Richtung Wirbelsäule, die Wirbelsäule bewegt sich nach vorne, um die Vorderseite des Rumpfes zu stützen, und die Schulterblätter gehen nach unten und nach innen in Richtung Brust, während sich der Brustkorb ausdehnt und die Arme und Beine fest bleiben. Durch die Integration aller Körperteile fühlen Sie sich in der Full Boat Pose stark und geschmeidig, aber auch psychisch und emotional stabil.

Schritt 1: Beugen Sie zunächst die Knie und stellen Sie die Füße flach auf den Boden in sitzender Position. Heben Sie die Füße vom Boden ab. Halten Sie zu Beginn die Knie gebeugt. Achten Sie darauf, dass Ihre Schienbeine parallel zum Boden sind. Dies ist die Halbboot-Position. Obwohl Ihr Oberkörper auf natürliche Weise nach hinten fällt, dürfen Sie nicht zulassen, dass sich Ihre Wirbelsäule rundet.

Schritt 2: Wenn Sie es können, ohne die Integrität Ihres Oberkörpers zu gefährden, strecken Sie Ihre Beine in einem 45-Grad-Winkel durch. Halten Sie Ihre Beine in einer V-Form, indem Sie Ihren Oberkörper so aufrecht wie möglich halten.

Schritt 3: Rollen Sie mit den Handflächen nach oben die Schultern nach hinten und strecken Sie die Arme fast parallel zum Boden. Konzentrieren Sie sich darauf, die Brust zu heben, um das Gleichgewicht zu halten.

Schritt 4: Atmen Sie mindestens fünf Mal tief durch.

Schritt 5: Atmen Sie aus und lassen Sie die Beine los. Dann atmen Sie tief ein und setzen sich auf.

Das Herz-Chakra

Das Herz, die Thymusdrüse (die eine entscheidende Rolle im endokrinen und lymphatischen System spielt), die Lungen und die Brüste sind alle vom Herzchakra umgeben, das sich in der Mitte der Brust befindet. Das vierte Chakra (oder Anahata-Chakra) steht als Zentrumschakra für das Zusammentreffen der physischen und spirituellen Welt. Und wie der Name schon sagt, dreht sich hier alles um die Liebe. Es ist ein spirituelles Chakra, das für Vergebung, Dienst und spirituelles Bewusstsein zuständig ist. Es heißt, dass Liebe und Mitgefühl leicht fließen, wenn das Herzchakra verbunden und ausgeglichen ist, sowohl was das Aussenden als auch was das Empfangen betrifft.

Trauer, Wut, Neid, Angst vor Ablehnung und Feindseligkeit gegenüber sich selbst und anderen können die Folge eines geschlossenen Herzchakras sein. Wenn dieses Chakra unteraktiv ist, können wir uns emotional verschließen und finden es schwierig, zu vergeben und vergangene Verletzungen loszulassen. Infolgedessen kann es schwierig werden, Liebe zu geben und zu empfangen, was sich negativ auf unsere Beziehungen auswirkt.

Wenn dieses Chakra überaktiv ist, können wir übermäßig anhänglich werden. Oberflächlich betrachtet scheint dies kein Problem zu sein, aber es ist häufig ein Deckmantel für Co-Abhängigkeit.

Übung zum Ausgleich des Herzchakras: Aufwärtshund

Urdhva Mukha Svanasana (Aufwärtsgerichteter Hund) ist eine energetisierende Rückbeuge, die Arme und Beine stärkt und gleichzeitig Brust und Schultern öffnet. Sie ist die Grundlage des Sonnengrußes und wird häufig in Flow-Sitzungen zwischen anderen Haltungen eingesetzt. Bei der Übung des Aufrechten Hundes ist es wichtig, den Atem mit der Bewegung zu verbinden, da der Atem die Haltung belebt und erhellt und gleichzeitig das Herz öffnet.

Schritt 1: Legen Sie sich zunächst mit dem Gesicht nach unten auf den Boden und strecken Sie die Beine einige Zentimeter hinter sich auseinander. Die Fußspitzen sollten auf der Matte ruhen; vergraben Sie Ihre Zehen nicht in der Matte, da dies Ihre Wirbelsäule einknicken lässt.

Schritt 2: Legen Sie die Hände neben den unteren Rippen neben dem Körper auf den Boden. Ziehen Sie die Ellbogen eng an den Brustkorb und zeigen Sie mit den Fingerspitzen auf die Oberseite der Matte.

Schritt 3: Atmen Sie ein, während Sie Ihre Hände fest in den Boden drücken. Strecken Sie die Arme aus und heben Sie Oberkörper und Beine ein paar Zentimeter vom Boden ab. *Chaturanga* ist eine weitere Möglichkeit, diese Position einzunehmen (niedrige Planke). Ziehen Sie Ihren Körper aus dem *Chaturanga* nach vorne, indem Sie die Handflächen zusammenpressen und über die Zehen abrollen. Strecken Sie die Arme durch und richten Sie die Schultern direkt über den Handgelenken aus.

Schritt 4: Drücken Sie Ihre Fußspitzen fest nach unten. Heben Sie Ihre Oberschenkel vom Boden ab, indem Sie Ihre Beinmuskeln fest anspannen. Halten Sie Ihre Ellbogen parallel zum Körper. Heben Sie die Brust zum Himmel und lassen Sie die Schultern von den Ohren weg fallen.

Schritt 5: Ziehen Sie die Schultern zurück und das Herz nach vorne, aber lassen Sie den Nacken nicht knirschen. Neigen Sie Ihren Kopf in Richtung Himmel, wenn Ihr Nacken flexibel ist. Andernfalls behalten Sie eine neutrale Kopfhaltung und einen geradlinigen Blick bei. Ihre Oberschenkel sollten kräftig und nach innen geneigt sein. Auch Ihre Arme sollten fest und leicht nach vorne gerichtet sein, wobei die Falten der Ellbogen nach vorne zeigen.

Schritt 6: Strecken Sie die Arme nur so weit aus, wie es Ihr Körper zulässt. Mit fortschreitender Übung vertiefen Sie die Dehnung und vermeiden es, sich anzustrengen, um eine tiefere Rückbeuge zu erreichen.

Schritt 7: Aktivieren Sie Ihre Schulterblätter, indem Sie sie in den oberen Rücken drücken. Halten Sie sich mit den Ellbogen an den Seiten fest. Heben Sie Ihr Herz und weiten Sie Ihre Schlüsselbeine. Lassen Sie die Schultern nach hinten und weg von den Ohren gleiten. Die Länge der Rückbeuge sollte gleichmäßig über die gesamte Wirbelsäule verteilt sein.

Schritt 8: Bleiben Sie bis zu 30 Sekunden in dieser Position. Atmen Sie aus, während Sie den Oberkörper und die Stirn auf die Matte absenken und loslassen.

Das Kehlkopf-Chakra

Schilddrüse, Nebenschilddrüse, Kiefer, Hals, Mund, Zunge und Kehlkopf sind alle anatomisch mit dem *Halschakra* verbunden. Ihr fünftes *Chakra*, bei dem es darum geht, Ihre innere Wahrheit auszusprechen - oder, genauer gesagt, dafür zu sorgen, dass Ihre inneren Wahrheiten angemessen kommuniziert werden - ist wahrscheinlich gut ausbalanciert, wenn Sie keine Schwierigkeiten haben, sich auszudrücken. Das Halschakra, im Sanskrit auch als *Vishuddha* bekannt, ist für die gesamte Kommunikation zuständig. Es ist das erste der drei Chakren, die vollständig spirituell sind (im Gegensatz zu den unteren Chakren, die sich eher physisch manifestieren). Wenn dieses Chakra im Gleichgewicht ist, kann man sowohl zuhören als auch sprechen und sich klar ausdrücken.

Wenn das *Kehlchakra* unteraktiv ist, kann es schwierig sein, sich richtig auszudrücken. Es kann sein, dass Sie Ihre Worte und damit auch Ihre tatsächlichen Gefühle verschlucken. Neben der Schwierigkeit, die eigene Wahrheit zu sagen, kann es auch schwierig sein, aufmerksam zu sein und sich zu konzentrieren, oder man hat Angst, von anderen beurteilt zu werden, was es noch schwieriger machen kann, man selbst zu sein. Halsschmerzen, Schilddrüsenprobleme, Nacken- und Schulterbeschwerden oder Spannungskopfschmerzen sind alles Symptome einer Blockade.

Zu viel zu reden, in Gesprächen extrem dominant zu sein und übermäßig kritisch oder wertend gegenüber anderen zu sein, sind alles Anzeichen für ein überlastetes Kehlkopfchakra.

Übung zum Ausgleich des Kehlkopfchakras: Fish Pose

Die rückenbeugende Yogastellung Fish Pose (*Matsyasana*) dehnt Brust, Hals und Bauch. Sie wird oft als Gegenposition zum Schulterstand (*Sarvangasana*) verwendet, da sie den Druck auf den Nacken und die Wirbelsäule verringert, aber sie ist auch eine tiefe Dehnung mit zahlreichen Vorteilen.

Schritt 1: Legen Sie sich zunächst auf den Rücken, strecken Sie die Beine aus und legen Sie die Arme mit den Handflächen nach unten neben dem Körper ab.

Schritt 2: Um eine Wölbung im oberen Rücken zu erzeugen, drücken Sie Ihre Unterarme und Ellbogen in den Boden und heben Sie den Brustkorb. Heben Sie den oberen Brustkorb und die Schulterblätter vom Boden ab. Neigen Sie den Kopf nach hinten und berühren Sie mit dem Scheitel den Boden.

Schritt 3: Üben Sie weiterhin Druck mit Ihren Händen und Unterarmen aus. Es sollte kaum Druck auf Ihren Kopf ausgeübt werden. Drücken Sie mit den Fersen nach außen.

Schritt 4: Atmen Sie fünf Mal tief ein und halten Sie die Luft an. Um aus der Haltung herauszukommen, heben Sie den Kopf vom Boden ab, indem Sie kräftig mit den Unterarmen drücken. Wenn Sie dann den Oberkörper und den Kopf auf den Boden sinken lassen, atmen Sie aus. Ziehen Sie die Knie für ein paar Atemzüge in die Knie-zur-Brust-Position (*Apanasana*), strecken Sie dann die Beine aus und ruhen Sie sich aus.

Das Kronenchakra

Bevor wir uns dem *dritten Augenchakra* zuwenden, haben wir schließlich das *Kronenchakra*. Das *Kronenchakra*, das in Sanskrit auch als *Sahasrara* oder "Tausendblättriger Lotus" bekannt ist, ist das Zentrum der Erleuchtung und unsere spirituelle Verbindung zu unserem größeren Selbst, dem größeren Selbst der anderen und letztlich dem Göttlichen. Wenn dieses Chakra im Gleichgewicht ist, wird Ihr spirituelles Erwachen als reines Bewusstsein betrachtet - geteilt und allumfassend. Im Grunde genommen sind Sie größer als Ihr physisches Wesen, und Sie sind auch Teil einer größeren Welt. Wenn wir ein unteraktives *Kronenchakra* haben, können wir uns gleichgültig, fast energetisch gefühllos und abgekoppelt fühlen, was zu einem Mangel an Richtung und Zweck im Leben führt.

Im Gegensatz zu den anderen *Chakren* wird das *Kronenchakra* in der Regel nur durch spezielle Yoga- oder Meditationsübungen oder zu bestimmten Zeiten vollständig geöffnet - es handelt sich nicht um eine Fähigkeit, die Sie jederzeit abrufen können. Sie können vielleicht einen Vorgeschmack darauf bekommen, indem Sie alltägliche Aktivitäten wie Meditation, Gebet und Zeiten der Stille durchführen. Ein unteraktives *Kronenchakra* kann zu Verwirrung, dem Wunsch, zu viel zu schlafen, und allgemeiner Apathie gegenüber dem Leben führen.

Eine Sehnsucht nach materiellem Besitz, die nie gestillt zu werden scheint, ist ein häufiges Symptom eines hyperaktiven *Kronenchakras*. Gier, Oberflächlichkeit und Arroganz führen häufig zu einem Verlust der Verbindung mit anderen und dem Kosmos.

Übung zum Ausgleich des Kronenchakras: Kopfstand

Der König aller *Asanas*, *Sirsasana* oder Kopfstand, ist eine Pose, die das Gleichgewicht auf dem Kopf/Scheitel erfordert. Dies ist eine schwierige Yogastellung, die nur mit Hilfe eines Yogalehrers ausgeführt werden sollte. Wegen ihrer zahlreichen gesundheitlichen Vorteile ist diese Asana sehr beliebt. Sie verbessert die Blutzirkulation und sorgt dafür, dass genügend sauerstoffreiches Blut das Gehirn erreicht.

Schritt 1: Knien Sie sich für den Anfang auf den Boden. Wenn Sie es bequemer haben möchten, verwenden Sie eine Yogamatte. Bringen Sie Ihre Knie und Knöchel zusammen und richten Sie Ihre Füße in die gleiche Richtung wie Ihre Beine. Die großen Zehen berühren sich, die Fußsohlen sollten nach oben zeigen.

Schritt 2: Legen Sie die Beine zurück und atmen Sie aus. Ihre Oberschenkel liegen auf den Waden, während Ihr Gesäß auf den Fersen ruht. Legen Sie Ihre Hände auf Ihre Oberschenkel und bewegen Sie Ihr Becken vor und zurück, bis Sie ein Gefühl der Zufriedenheit überkommt. Sie befinden sich jetzt in *Vajrasana*.

Schritt 3: Beugen Sie sich mit verschränkten Fingern und angewinkelten Unterarmen auf dem Boden nach vorn. Der Kopf, die Hände und die Füße sollten ein Dreieck auf dem Boden bilden.

Schritt 4: Legen Sie den Scheitel des Kopfes zwischen die verschränkten Finger. Heben Sie die Knie und die Gesäßmuskeln vom Boden ab und strecken Sie sie. Nähern Sie sich langsam mit den Füßen dem Rumpf.

Schritt 5: Beugen Sie die Knie, wobei die Fersen dicht am Gesäß bleiben, und strecken Sie langsam die Hüften, bis die Oberschenkel senkrecht zum Boden stehen. Strecken Sie langsam die Knie und Waden durch, bis der gesamte Körper aufgerichtet ist und die Füße entspannt sind.

Schritt 6: Halten Sie das Gleichgewicht Ihres Körpers für ein paar Sekunden oder so lange, wie Sie sich wohl fühlen. Fortgeschrittene Yoga-Praktizierende sollten mit einer Minute beginnen und sich allmählich auf mindestens fünf Minuten steigern. Konzentrieren Sie sich auf Ihre Atmung und den Scheitelpunkt Ihres Kopfes.

Schritt 7: Wiederholen Sie Ihre Schritte in die andere Richtung, wenn Sie aus der Haltung zurückkehren möchten. Falten Sie die Beine und bringen Sie die Oberschenkel langsam in eine senkrechte Position.

Schritt 8: Lassen Sie die Beine allmählich auf den Boden fallen. Bleiben Sie eine Weile in *Shishuasana* (Kinderstellung) sitzen, um Ihr Gleichgewicht nach der Umkehrung wiederzufinden.

Schritt 9: Entspannen Sie sich und atmen Sie aus.

KAPITEL 4: DAS SECHSTE CHAKRA

Das dritte Auge ist ein *Chakra*, ein Energiepunkt. Es ist mit der Zirbeldrüse und der Hypophyse des Gehirns verbunden und befindet sich auf der Stirn zwischen den Brauen, obwohl es kein physisches Konstrukt ist. Das Chakrasystem funktioniert ähnlich wie das Organsystem des feinstofflichen (oder energetischen) Körpers, wobei jedes *Chakra* eine bestimmte Rolle oder einen bestimmten Zweck erfüllt. Unsere innere Klarheit, Intuition und Voraussicht werden durch das dritte Auge erreicht. Es ermöglicht uns, über das hinauszublicken, was in der Gegenwart physisch zugänglich ist.

Verwirrung, Zweifel, Zynismus, Neid und Pessimismus gelten als Symptome für ein blockiertes drittes Auge oder *Ajna-Chakra*. Die höchste Quelle ätherischer Energie kann durch ein offenes und lebendiges drittes Auge eintreten. Das dritte Auge sieht die wahre Welt - ein einheitliches Ganzes mit einer unerschütterlichen Verbindung zum Geist - während die physischen Augen die begrenzte scheinbare Realität sehen. Klarheit, Konzentration, Scharfsinn, Glückseligkeit, Intuition, Entscheidungsfreude und Einsicht sind nur einige der Vorteile und Fähigkeiten, die das dritte Auge bietet. Luzides Träumen, Astralprojektion, Schlafqualität, gesteigerte Kreativität und Aurasehen werden alle mit dem dritten Auge in Verbindung gebracht. Obwohl die ersten Sucher des dritten Auges Mönche und erleuchtete Wesen waren, sind diese Aktivitäten gut für diejenigen unter uns, die ein geschäftiges, modernes Leben führen, zur Arbeit und zu Verabredungen eilen und sich dabei ein wenig mehr Ruhe und Präsenz wünschen.

Einige von uns haben vielleicht sogar das Erwachen des dritten Auges in unserem täglichen Leben erlebt! Wenn eine Person sich intensiv auf ihre Arbeit konzentriert, kann sie eine Aktivierung des dritten Auges erleben. Wenn ein Sportler sich sehr auf sein Training konzentriert, ständig über das Spiel nachdenkt und darüber, wie er es besser spielen könnte, entwickelt er ein intuitives Gefühl dafür, wo ein Ball in der Luft landen wird. Ein Spitzensportler braucht keinen Analysten, der ihm sagt, was als Nächstes passieren wird; er weiß intuitiv, was passieren wird. Auch eine Person, die sich ganz auf ihren Beruf konzentriert, kann vorhersagen, wie ein Kunde auf ein bestimmtes Angebot oder Ereignis reagieren wird. Die erhöhten Alphawellenemissionen helfen ihnen bei der Vorhersage dessen, was in naher Zukunft in Bezug auf den Bereich, auf den sie sich intensiv konzentrieren, geschehen könnte.

Wenn Sie jedoch noch nie ein Energiegefühl zwischen Ihren Augenbrauen gespürt, Auren gesehen oder einen intuitiven Treffer erhalten haben, machen Sie sich keine Sorgen. Sie müssen nicht mit besonderen Fähigkeiten geboren werden, um Ihr drittes Auge zu nutzen. Seine Superkräfte sind für jeden zugänglich, der sich die Mühe macht. Genauso wie der Aufbau körperlicher Muskeln ein gezieltes Trainingsprogramm erfordert, ist für die Entwicklung des Dritten Auges ein systematischer Ansatz und ständiges Üben notwendig. Obwohl es sicherlich einfacher ist, straffe Arme zu bekommen, als ein vollwertiger Intuitiver zu werden, können wir alle davon profitieren, diesen Energiekanal konsequent zu trainieren.

Wenn das dritte Auge voll funktionsfähig ist, kann es Ihnen helfen, klar zu sehen, geistige Blockaden zu lösen und die geistige Flexibilität zu verbessern. Tatsächlich wird das dritte Auge in vielen Kulturen als der wichtigste Sinn angesehen, und seine Aktivierung wird als äußerst wichtig erachtet. Das dritte Auge hat zwar den Vorteil, dass es uns mit unserem Bauchgefühl verbindet und uns erlaubt, unseren fünf grundlegenden Sinnen einen Schritt voraus zu sein, doch ist es normalerweise geschlossen. Hier kommen die Vorteile der Meditation ins Spiel. Meditation ist die einfachste und effektivste Methode, um Ihr drittes Auge zu wecken, zu vitalisieren und zu aktivieren.

Es ist am besten, mit einer Aktivierungsübung zu beginnen, wenn du dein drittes Auge öffnest. Beginnen Sie damit, dass Sie Ihrem dritten Auge für Ihre angeborenen intuitiven Fähigkeiten sowie für Ihre Verwurzelung durch die zirkadianen Rhythmen der Zirbeldrüse danken. Die Zirbeldrüse verbindet das endokrine und das neurologische System, indem sie Nervensignale aus dem Sympathikus des peripheren Nervensystems in Hormonsignale umwandelt. Im Laufe der Zeit lagern sich in der Zirbeldrüse Kalziumablagerungen ab, die sie verkalken lassen und wertlos werden lassen.

Laut einer Studie der britischen Wissenschaftlerin Jennifer Luke aus den 1990er Jahren verkalkt Fluorid auch die Drüse, so dass sie weniger effektiv die gesamten hormonellen Prozesse im Körper ausgleichen kann. Fluorid ist heute in einer Vielzahl von Produkten enthalten, unter anderem in unserem Trinkwasser, in Lebensmitteln, Softdrinks und sogar in Zahnpasta. Fluorid ist ein weit verbreitetes, reichlich vorhandenes und natürliches Element, kann aber auch im Labor synthetisiert werden. Überschüssiger Zucker, Lebensmittelzusatzstoffe und Süßstoffe in der Ernährung sowie übermäßiger Handygebrauch tragen alle zur Verkalkung bei.

Bevor Sie mit einem neuen Ernährungsprogramm beginnen, sollten Sie immer einen ausgebildeten Ernährungstherapeuten aufsuchen, um sicherzustellen, dass Sie das tun, was für Sie am besten ist, und dass Sie Ihrem Körper nicht zu viele wichtige Nährstoffe entziehen.

Die Nahrung, die Sie zu sich nehmen, kann Ihnen helfen, Ihr Chakra des dritten Auges zu öffnen. Roher Kakao, Goji-Beeren, Knoblauch, Zitrone, Wassermelone, Sternanis, Honig, Kokosnussöl, Hanfsamen, Koriander, Ginseng und Vitamin D3 sind nur einige Lebensmittel, die helfen sollen, das dritte Auge zu stärken und zu entgiften.

Zu vermeidende Lebensmittel, weil sie die Zirbeldrüse verkalken lassen:

- Die Ablagerung von Kalziumphosphat in unserem Körper kann durch den Verzehr von zu viel Kalzium aus verarbeiteten Lebensmitteln oder die Einnahme von zu vielen Kalziumpräparaten verursacht werden. Um eine übermäßige Aufnahme dieser Substanz in Ihrer Ernährung zu vermeiden, lesen Sie die Inhaltsstoffe der Produkte.

- Leitungswasser: Das Leitungswasser enthält neben Fluorid auch kalkhaltige Verbindungen, die schädlich sein können. Trinken Sie daher nach Möglichkeit abgefülltes oder gefiltertes Wasser.

- Pestizide: Die Zirbeldrüse kann durch chemische Pestizide, die in Fleisch und Gemüse enthalten sind, vergiftet werden. Um die Anzahl der Pestizide in Ihrer Ernährung zu begrenzen, wählen Sie Bio-Lebensmittel.

- Achten Sie auch auf Produkte, die Propylenglykol, Paraffin, Mineralöl, Butylenglykol, Isopropylalkohol und Petrolatum enthalten. Wenn ein Lebensmittel einen dieser Inhaltsstoffe enthält, ist es an der Zeit, sich nach einer Alternative umzusehen. Greifen Sie stattdessen zu natürlichen Pflanzenölen, die reichlich Nährstoffe liefern und kein Risiko für Ihre Gesundheit darstellen.

- Zucker, Koffein, Alkohol und Tabak (S.C.A.T.) Diese Drogen erschöpfen die Vitalität des Körpers und führen zur Anhäufung von Schadstoffen. Wenn man sie für mindestens zwei Monate aus seinem Leben streicht, kann dies zu einer Steigerung der Gehirnaktivität und der Aktivität der Zirbeldrüse führen.

Zu den natürlichen Lebensmitteln, die bei der Aktivierung des dritten Auges helfen, gehören:

- Aktivator X: Hierbei handelt es sich um ein Entgiftungsmittel, das aus Vitamin K1/K2 besteht und mit Vitamin D3 und A gekoppelt werden kann. Dieses Entgiftungsmittel kann bei der Wiederherstellung des enzymatischen Gleichgewichts helfen, so dass das Kalzium die Arterien verlassen und in die Knochen gelangen kann, wo es angemessen verwertet werden kann.

- Schokolade in ihrem natürlichen Zustand: Roher Kakao ist reich an Antioxidantien, die bei der Stimulierung und Reinigung der Zirbeldrüse helfen können - endlich ein Grund, Schokolade zu essen!

- Knoblauchzehen: Knoblauch ist ein starkes natürliches Reinigungsmittel, das auch bei der Beseitigung von Kalzium im Körper helfen kann. Verzehren Sie eine halbe bis zwei Knollen pro Tag - essen Sie sie frisch oder legen Sie sie in frischen Zitronensaft oder Apfelessig ein, um den Geruch zu überdecken.

- Destilliertes Wasser: Giftstoffe, die die Zirbeldrüse schädigen könnten, können durch reichliches Trinken von fluoridfreiem Wasser ausgeschwemmt werden.

- Zitronensäure: Auf nüchternen Magen kann rohe Zitrone bei der Entgiftung der Zirbeldrüse helfen. Kombinieren Sie sie am besten mit Quellwasser, um die Zähne nicht zu sehr mit Säure zu belasten.

- Apfelessig: Aufgrund der darin enthaltenen Apfelsäure ist die Zugabe von Apfelessig zu den Mahlzeiten eine hervorragende Methode zur Entgiftung der Zirbeldrüse.

- Natives Kokosnussöl: Kokosnussöl nährt den gesamten menschlichen Körper, aber die größte Wirkung dürfte es auf die Revitalisierung des Gehirns und die Entgiftung der Zirbeldrüse haben. Im Gehirn repariert dieses Öl die Neuronen und fördert die Nervenfunktion.

Wenn die Zirbeldrüse erregt ist, können wir lebhafte Visionen und tiefe Entspannung erleben. Umkehrhaltungen sind besonders wohltuend, weil sie die Durchblutung der Zirbeldrüse fördern, wenn sie auf dem Kopf stehen, und sie haben zahlreiche weitere gesundheitliche Vorteile, wie z. B. eine bessere Schlafqualität.

Die Meditation wird Ihre Zirbeldrüse in hohem Maße aufwecken, besonders wenn Sie sie morgens bei Sonnenaufgang oder in der Abenddämmerung im Freien praktizieren.

Es erfordert Hingabe und Arbeit, um Ihre Zirbeldrüse wieder zu erwecken und ihr volles Potenzial zu nutzen. Seien Sie geduldig mit sich selbst und machen Sie sich klar, dass alles, was organisch geschieht, länger dauert, aber die gesundheitlichen Vorteile sind das Warten wert! Meditation hilft bei der Ausleitung negativer Gifte aus dem Körper, der Kanalisierung von Energien und der Verbesserung der Konzentration. Meditation kann auch dazu beitragen, dass Sie sich Ihrer selbst bewusster werden, Ihr Ajna-Chakra aktivieren, Ihren Bewusstseinszustand mit jeder Sitzung in einen höheren Zustand versetzen und Ängste und Sorgen beseitigen.

Die Meditation über das dritte Auge erfordert, wie jede andere Form der Meditation, dass Sie sich in einer ruhigen Umgebung aufhalten. Um zu beginnen, setzen Sie sich in einer bequemen Position auf einen Stuhl oder auf den Boden. Halten Sie die Wirbelsäule gerade, entspannen Sie die Schultern und legen Sie die Hände auf die Knie. Kiefer, Bauch und Gesicht sollten völlig entspannt und für positive Energie offen sein.

Beginnen Sie, indem Sie Zeige- und Mittelfinger sanft zusammenführen und Ihre Augen schließen. Danach atmen Sie sanft tief ein. Atme durch die Nase ein und durch den Mund aus. Versuchen Sie, mit geschlossenen Augen nach oben zum dritten Auge zu blicken, das sich genau zwischen Ihren Augenbrauen befindet. Sie können auch Ihre Fingerspitzen benutzen, um die genaue Position zu bestimmen.

Atmen Sie nun ein paar Mal tief ein und richten Sie Ihre Aufmerksamkeit auf diesen Punkt. Fahren Sie damit fort, während Sie sich ein weißes oder bläulich-weißes Licht vorstellen, das Sie umgibt. Sie werden dabei in einen transzendentalen Zustand der Heilung eintreten, in dem Ihre Aufmerksamkeit auf dem Höhepunkt ist.

Halten Sie diese Position für 10-20 Minuten. Entspannende Musik kann Ihnen helfen, Ihre Konzentration noch weiter zu lenken. Atmen Sie danach tief aus und führen Sie die Handflächen vor dem Herzen zusammen, bevor Sie in die Ausgangsposition zurückkehren. Blinzeln Sie mit offenen Augen und halten Sie diese Position ein oder zwei Sekunden lang, bevor Sie zu Ihrer normalen Routine zurückkehren. Diese einfache Handlung kann Wunder bewirken und Ihre Chakren reparieren, wenn Sie sie jeden Tag entweder morgens oder vor dem Schlafengehen durchführen.

Wechselndes Nasenlochatmen

Nadis sind empfindliche Energieleitungen, die aus verschiedenen Gründen verstopft werden können. *Nadi Shodhan Pranayama* ist eine Atemmethode, die dabei hilft, diese verstopften Energieleitbahnen zu klären und so den Geist zu beruhigen. Anulom Vilom Pranayama ist ein anderer Name für diese Praxis. Stress, Toxizität im physischen Körper, physische und mentale Traumata und ein ungesunder Lebensstil können dazu führen, dass die *Nadis* verstopft werden.

Drei der wichtigsten Nadis im menschlichen Körper sind *Ida, Pingala* und *Sushumna.*

Erkältung, Depression, niedrige geistige Energie, träge Verdauung und ein verstopftes linkes Nasenloch sind allesamt Symptome dafür, dass der *Ida nadi* nicht richtig funktioniert oder verstopft ist. Hitze, Reizbarkeit, Juckreiz, trockene Haut und Kehle, gesteigerter Appetit, übermäßige körperliche oder sexuelle

Energie und ein verstopftes rechtes Nasenloch sind alles Symptome dafür, dass die *Pingala-Nadi* nicht richtig funktioniert oder blockiert ist.

Das *Nadi Shodhan Pranayama* (Wechselatmung) hilft, den Geist zu beruhigen und ihn auf die Meditation vorzubereiten. Es hilft, den Geist ruhig, heiter und gelassen zu halten, wenn man es nur ein paar Minuten pro Tag übt. Sie hilft dabei, Spannungen und Müdigkeit abzubauen.

Schritt 1: Setzen Sie sich bequem hin, die Schultern sind entspannt und die Wirbelsäule aufrecht. Behalten Sie ein sanftes Lächeln auf den Lippen.

Schritt 2: Legen Sie die linke Hand auf das linke Knie, wobei die Handflächen nach oben zeigen, oder machen Sie Chin Mudra (Daumen und Zeigefinger berühren sich sanft an den Spitzen).

Schritt 3: Legen Sie die Spitzen von Zeige- und Mittelfinger der rechten Hand zwischen die Augenbrauen, den Ringfinger und den kleinen Finger auf das linke Nasenloch und den Daumen auf das rechte Nasenloch. Das linke Nasenloch wird mit dem Ring- und dem kleinen Finger geöffnet oder geschlossen, das rechte Nasenloch mit dem Daumen geöffnet oder geschlossen.

Schritt 4: Atmen Sie langsam durch das linke Nasenloch aus, während Sie den Daumen auf das rechte Nasenloch drücken.

Schritt 5: Atme tief durch das linke Nasenloch ein und drücke dann sanft mit dem Ring- und dem kleinen Finger auf das linke Nasenloch. Atme durch das rechte Nasenloch aus, nachdem du den rechten Daumen aus dem rechten Nasenloch entfernt hast.

Schritt 6: Atme durch das rechte Nasenloch ein und durch das linke aus. Eine Runde Nadi Shodhan Pranayama ist nun beendet. Fahre fort, abwechselnd durch die Nasenlöcher ein- und auszuatmen.

Schritt 7: Führen Sie 9 Runden durch, indem Sie abwechselnd durch beide Nasenlöcher atmen. Denken Sie daran, nach jeder Ausatmung durch das gleiche

Nasenloch einzuatmen, durch das Sie ausgeatmet haben. Schließen Sie die Augen und atmen Sie weiterhin lange, tiefe und gleichmäßige Atemzüge, ohne sich anzustrengen.

Nach der Durchführung von *Nadi Shodhan Pranayama* ist es eine gute Idee, eine kurze Meditation durchzuführen. Als Teil der *Padma Sadhana* Routine kann diese Atemtechnik verwendet werden.

Abgesehen von der Öffnung des dritten Auges hat *Nadi Shodhan Pranayama* mehrere wichtige Vorteile:

- Ausgezeichnete Technik zur Beruhigung und Zentrierung des Geistes.

- Unser Geist neigt dazu, in der Vergangenheit zu verweilen, sie zu bedauern oder zu verherrlichen und sich Sorgen über die Zukunft zu machen. Das Pranayama von Nadi Shodhan hilft dabei, den Geist in den gegenwärtigen Moment zurückzubringen.

- Viele Kreislauf- und Atmungsprobleme können mit dieser Technik verbessert werden.

- Es baut den angesammelten Stress in Körper und Geist wirksam ab und fördert die Entspannung.

- Hilft, die linke und rechte Gehirnhälfte auszugleichen, die unserer intellektuellen und emotionalen Seite entsprechen.

- Reinigt und balanciert die Nadis, die subtilen Energiekanäle, so dass das Prana (die Lebenskraft) frei im Körper zirkulieren kann.

- Hilft Ihnen, eine angenehme Körpertemperatur zu halten.

Das Unsichtbare sehen

Vielen Menschen wird von klein auf beigebracht, ihren eigenen Instinkten nicht zu vertrauen. Das könnte von Ihren Eltern oder Freunden kommen, die Sie davon überzeugt haben, dass Ihre Sinne nicht gültig sind, was Sie dazu gebracht hat, sich selbst zu misstrauen. Als Überlebenstechnik trennen misshandelte Kinder die Verbindung zu ihren unteren *Chakren*, wodurch sich ihre höheren Chakren überentwickeln. Ein Ungleichgewicht zwischen dem unteren und dem oberen Chakra kann diese Kinder dazu bringen, Phantasie und Visualisierung zu benutzen, um der Realität zu entkommen. Dies führt dazu, dass die Menschen auf lange Sicht eher zu Träumern als zu Machern werden. Um ein gut funktionierendes *Ajna* zu haben, muss man zuerst ein ausgeglichenes unteres *Chakra* als Anker haben.

Unsere Perspektive wird ebenfalls durch das *Ajna* beeinflusst. Wahrnehmungen sind etwas, das wir alle teilen. Unsere Wahrnehmung wird von unserer Erziehung, unserer Umgebung und unseren Überzeugungen geprägt. Wir können Probleme bekommen, wenn die Wahrnehmung als Intuition missverstanden wird. Die Realität ist nicht immer so, wie wir sie uns vorstellen. Um das *Ajna* ins Gleichgewicht zu bringen, müssen wir unsere Wahrnehmungen hinterfragen und immer nach der Realität suchen, egal wie unangenehm sie auch sein mag.

Es braucht Zeit, um die *Ajna* zu stärken und ins Gleichgewicht zu bringen. Um richtig zu funktionieren, braucht die Ajna tägliche Meditation. Die Ergebnisse werden subtil sein, und wenn sie nicht beobachtet werden, können sie leicht unbemerkt bleiben. Wenn es darum geht, das Ajna-Gleichgewicht wiederherzustellen, ist es entscheidend, dass Sie lernen, Ihrer Intuition und dem, was Sie in der Meditation wahrnehmen, zu vertrauen. Verstehen Sie die Unterschiede zwischen Ideen, Wahrnehmungen und Intuition. Intuition ist ein natürlicher Prozess, der keine Vorlieben hat. Das *Ajna* ist eine wunderbare Gabe, und wenn es voll funktionsfähig ist, können Sie Ihr maximales Potenzial erreichen.

Eine unglaubliche Meditation für das *Ajna* heißt "To See the Unseen". Sie stärkt deine Intuition, indem sie auf das sechste Chakra einwirkt.

Schritt 1: Setzen Sie sich in eine bequeme Position und strecken Sie den rechten Arm vor sich aus, parallel zum Boden, den Ellbogen gerade, aber nicht gesperrt. Die Handfläche der rechten Hand zeigt nach oben und ist leicht angewinkelt, als ob sie Regen auffangen würde.

Schritt 2: Die linke Hand befindet sich in *Surya Mudra* (Ringfinger berührt den Daumen), der Ellbogen liegt seitlich und der Unterarm zeigt nach außen.

Schritt 3: Schließen Sie die Augen und konzentrieren Sie sich auf die Spitze des Kinns.

Schritt 4: Drücken Sie die Zungenspitze fest auf den Gaumen hinter Ihren Zähnen.

Schritt 5: Wiederhole im Geiste "*Wahe Guru*".

Schritt 6: Nehmen Sie einen langen, tiefen Atemzug. Wiederholen Sie dies 11 Mal.

Zum Abschluss machen Sie Pantherkrallen (beugen Sie die Finger in die Handwölbung). Einatmen und nach links drehen, dann ausatmen und in die Mitte zurückkehren. Dann einatmen und nach rechts drehen, dann ausatmen und zurück in die Mitte.

Kreuz Herz Kirtan Kriya

Schritt 1: Setzen Sie sich mit gerader Wirbelsäule in *Sukhasana* (Einfache Haltung). Schließen Sie Ihre Augen für einen Moment und öffnen Sie sie dann langsam. Richten Sie Ihre Aufmerksamkeit auf Ihre Nasenspitze. Hier zu meditieren kann helfen, einen unruhigen Geist zu beruhigen.

Schritt 2: Kreuze die Unterarme vor der Brust. Bereite dich darauf vor, das Mantra *Saa-Taa-Naa-Maa* in deiner Arbeit zu verwenden. *Saa* steht für die Unendlichkeit, *Taa* für das Leben und *Naa* für die Transformation. *Maa* ist die Göttin der Wiedergeburt.

Schritt 3: Beginne mit dem Singen von *saa - taa - naa - maa,* während du die Finger auf folgende Weise spielst:

Berühren Sie die Spitzen Ihrer Daumen mit den Spitzen Ihrer Zeigefinger *(saa).*

Berühren Sie die Spitzen der Daumen mit den Mittelfingern *(taa).*

Berühren Sie die Daumenspitzen mit den Ringfingern *(naa).*

Berühre die Spitzen deiner Daumen mit den kleinen Fingern *(maa).*

Schritt 4: Wiederholen Sie dies mehrere Minuten lang. Zum Abschluss atmen Sie tief ein, halten Sie den Atem an, schließen Sie die Augen und werden Sie ganz still. Erlauben Sie sich, sich zu entspannen. Die Hemisphären werden im Gleichgewicht sein und ein neues Gefühl der Gelassenheit wird sich einstellen.

Die Bogenschützen-Pose

Akarna Dhanurasana heißt wörtlich übersetzt "Bogenstellung", ist aber im Volksmund auch als *"Bogenschützenstellung"* bekannt, weil sie wie ein Bogen-schütze aussieht, der seinen Pfeil abschießt. Es erfordert Talent und Geduld, sich selbst auf diese Weise zu beobachten. Die spirituelle Dimension der Praxis wird sich immer entziehen, wenn der Bogenschütze nur darauf bedacht ist, die Bogensehne zu spannen und das Ziel zu treffen, oder wenn der Yogi nur darauf bedacht ist, in die physische Form der Stellung zu kommen.

Körperliches Können und Technik sind wichtig, aber man muss sich schließlich von der Besessenheit lösen, eine Reihe von Handlungen auszuführen. Du kannst überflüssige Anstrengung loslassen und die grenzenlose Gegenwart vollständig einnehmen und ausdrücken, indem du Körperstabilität, Augenentspannung und vollständige Hingabe an den Atem kultivierst. *Akarna Dhanurasana* erfordert, wie das Bogenschießen, sowohl Kraft als auch Flexibilität auf körperlicher Ebene. Die Übungen in der folgenden Sequenz sollen Ihnen helfen, Kraft in Armen und Rumpf sowie Flexibilität in Beinen und Hüften zu gewinnen.

Schritt 1: Setzen Sie sich mit geradem Rücken auf die Matte, strecken Sie die Beine vor sich aus und legen Sie die Handflächen auf die Knie.

Schritt 2: Beugen Sie das rechte Bein, so dass die rechte Fußsohle den linken Oberschenkel berührt.

Schritt 3: Beugen Sie sich nach vorne und fassen Sie beim Einatmen mit dem linken großen Zeh Ihre linke Hand. Die andere Hand sollte auf dem rechten Knie ruhen.

Schritt 4: Heben Sie Ihr rechtes Knie an, so dass es zum Himmel zeigt, und fassen Sie mit der rechten Hand den großen Zeh, während Sie gehen.

Schritt 5: Imitieren Sie einen Bogenschützen, indem Sie Ihr rechtes Bein nach oben ziehen und Ihr Knie näher an Ihr Ohr bringen. Wie ein Bogenschütze, der sein Ziel unter die Lupe nimmt, sollte Ihr rechter Arm direkt auf die Zehe zeigen und Ihre Augen sollten auf die Zehe gerichtet sein.

Schritt 6: Spüren Sie die Dehnung in den Kniesehnen und halten Sie die Stellung 15-30 Sekunden lang.

Schritt 7: Atmen Sie langsam aus und kehren Sie in die Ausgangsposition zurück. Wiederholen Sie die Haltung, diesmal strecken Sie das linke Bein nach hinten. Ein Zyklus der Bogenschützenstellung ist nun abgeschlossen. Führen Sie sie zweimal als Teil einer Übung mit anderen Positionen durch.

Woran erkennen Sie also, dass sich Ihr drittes Auge öffnet? Es gibt einige verräterische Anzeichen.

- Der Druck in Ihrem Kopf nimmt zu: Sie werden anfangen, einen zunehmenden Druck zwischen Ihren Augenbrauen zu spüren, was das häufigste Anzeichen für ein geöffnetes drittes Auge ist. Es könnte ein einfacher Puls sein oder ein starkes Gefühl, dass sich etwas in der Mitte deiner Stirn ausdehnt. Spirituelle Experten raten Ihnen dringend, sich darüber keine Sorgen zu machen, denn es ist absolut harmlos und wird mit der Zeit vergehen. Sie behaupten auch, dass es aus dem Nichts auftauchen kann und dass ein Wärmegefühl auf der Stirn, als ob jemand Sie streicheln würde, ziemlich häufig vorkommt. Lassen Sie sich also nicht beunruhigen, wenn das passiert.

- Erhöhte Voraussicht auf zukünftige Ereignisse: Möglicherweise haben Sie eine verstärkte Vorahnung zukünftiger Ereignisse. Es könnte nur ein leichtes Gefühl im Magen sein, das Sie warnt, dass etwas Schlimmes passieren wird. Tun Sie dieses Bauchgefühl oder diese Intuition nicht ab, sondern lassen Sie sich von ihr leiten. Das mag zunächst beängstigend sein, aber wenn Sie erst einmal erkannt haben, dass Sie die volle Kontrolle über diese Fähigkeit haben, wird es Ihnen leichter fallen, sich von ihr leiten zu lassen.

- Lichtempfindlichkeit ist ein Begriff, der sich auf die Fähigkeit einer Person bezieht. Wenn sich dein drittes Auge entwickelt, wirst du feststellen, dass du empfindlicher auf Licht reagierst. Das liegt daran, dass du die Welt in einem ganz neuen Licht siehst. Du wirst auch in der Lage sein, verschiedene Farbnuancen lebendiger wahrzunehmen. Alles, was mit Sehen und Licht zu tun hat, wird verstärkt. Sie werden feststellen, dass die Verwendung einer polarisierten Sonnenbrille dabei hilft.

- Allmähliche Veränderungen: Sie werden die Früchte Ihrer neuen Weltanschauung ernten, weil Sie mehr im Einklang mit Ihrem spirituellen Selbst sind. Sie werden feststellen, dass Sie entspannter, verzeihender und liebevoller sind. Diese Veränderungen können sich auch auf Ihre Ernährung auswirken, da Sie verarbeitete Lebensmittel meiden werden, um die Gesundheit Ihres dritten Auges zu erhalten. Vielleicht können Sie nicht genau sagen, warum diese positiven Veränderungen eingetreten sind, aber vertrauen Sie darauf, dass Ihre Intuition und Ihre spirituellen Fähigkeiten Sie zu einer gesünderen Lebensweise anspornen. Behalten Sie diese Veränderungen im Auge, denn sie sind ein sicheres Zeichen dafür, dass die Kraft Ihres dritten Auges zunimmt.

• Die Manifestation von Kräften ist ein Begriff, der verwendet wird, um den Ausdruck Ihrer inneren psychischen Fähigkeiten zu beschreiben, Ihre Fähigkeit, Dinge zu spüren und wahrzunehmen, bevor sie geschehen. Psychische Fähigkeiten, die sich bei Menschen mit einem aktiven dritten Auge manifestieren, sind entgegen der landläufigen Annahme nicht ungewöhnlich. Zwei der bekanntesten Beispiele sind Telepathie und Hellsichtigkeit. Sie sollten nicht beunruhigt sein, ganz gleich, wie ungewohnt dies für Sie ist. Akzeptieren Sie Ihre Fähigkeiten und pflegen Sie sie.

• Dinge sehen, die nicht sofort offensichtlich sind: Obwohl es schwierig sein kann, mehr zu wissen und zu sehen als alle anderen, kann Ihr drittes Auge Ihnen helfen, Halbwahrheiten und auffällige Aussagen zu erkennen. Ein Restaurant, das ein All-you-can-eat-Buffet anbietet, mag für den Durchschnittsmenschen attraktiv sein, aber für Sie wird es einer Aufforderung gleichkommen, mehr zu essen, als Sie brauchen. Diese Klarheit im Denken wird es Ihnen ermöglichen, die bestmöglichen Entscheidungen zu treffen.

• Erhöhte Selbstwahrnehmung: Dieses dritte Symptom ist eines, das viele Menschen übersehen. Wenn Ihr drittes Auge geöffnet ist, verbessert sich Ihre Selbstwahrnehmung. Infolgedessen werden Sie sich nicht mehr nur als einen Menschen mit Interessen, Vorlieben und Abneigungen betrachten, sondern als Teil des Universums. Dieses gestärkte Selbstbewusstsein wird es Ihnen ermöglichen, sich mehr auf sich selbst als auf andere zu verlassen und das Leben in Wohlstand zu führen, das Sie sich immer gewünscht haben.

Wenn Sie nicht wissen, wie Sie mit den Anzeichen eines aktiven dritten Auges umgehen sollen, sind Meditation und beruhigende Aktivitäten, die es Ihnen ermöglichen, sich mit Ihrem spirituellen Selbst zu verbinden, Ihre beste Hilfe. Welchen Weg Sie auch immer wählen, denken Sie daran, dass all diese Ausdrucksformen Geschenke sind, die Sie annehmen sollten, anstatt sie zu verstecken.

SCHLUSSFOLGERUNG

In der indischen Mythologie ist *Shiva* einer der drei Götter, die für die Erschaffung, Erhaltung und Zerstörung der Welt verantwortlich sind. Der spirituelle Guru *Sadhguru* beschreibt die Bedeutung von *Shivas* drittem Auge und wie es sich öffnet, um Klarheit und Vision zu bringen. Er erzählt auch eine Geschichte darüber, wie *Shiva* sein drittes Auge benutzte, um *Kama* zu verbrennen. In Indien gibt es einen Gott namens *Kamadeva*, der der Gott der Liebe und der Lust ist. *Kama* ist das Sanskrit-Wort für Lust. Der Legende nach versteckte sich *Kama* hinter einem Baum und schoss *Shiva* mit einem Pfeil ins Herz. *Shiva* geriet in Aufregung. Infolgedessen öffnete er sein feuriges drittes Auge und verbrannte *Kama* zu Asche. Dies ist die Version der Geschichte, die den meisten Menschen bekannt ist.

Aber denken Sie darüber nach: Kommt Ihre Lust aus Ihrem Inneren oder von einem Baum? Natürlich kommt sie aus deinem Inneren. Es geht nicht nur um das andere Geschlecht, wenn es um Lust geht. Ob es um Sexualität, Macht oder Stellung geht, jeder Wunsch ist Lust. Lust ist definiert als ein Gefühl der Unzulänglichkeit, ein Verlangen nach etwas, das einem das Gefühl gibt: *"Wenn ich es nicht habe, bin ich nicht vollständig."*

Die Erzählung von *Shiva* und *Kama* erhält dadurch eine yogische Dimension. *Shiva* strebte nach Yoga, was bedeutete, dass er nicht nur danach strebte, vollständig, sondern auch unendlich zu sein. *Shiva* sah *Kama*, seine eigene Lust, auf sich zukommen und verbrannte sie, als er sein drittes Auge öffnete. Asche floss langsam aus seinem Körper, was bedeutete, dass alles in ihm endgültig gestorben war. Indem er sein drittes Auge öffnete, konnte er eine Dimension in sich selbst erfahren, die jenseits des Physischen liegt, und all seine körperlichen Zwänge verschwanden.

Das dritte Auge ist ein Auge, das Dinge sehen kann, die nicht physisch sind. Weil es das Licht stoppt und reflektiert, kann man es sehen, wenn man auf seine Hand schaut. Da Luft das Licht nicht blockiert, kann man sie nicht sehen. Wenn jedoch eine kleine Menge Rauch in der Luft wäre, könnte man sie sehen, denn nur etwas, das Licht verhindert, kann gesehen werden. Nichts, was das Licht durchlässt, kann gesehen werden. Die Natur der beiden Sinnesaugen ist wie folgt.

Das Physische kann mit den Augen der Sinne erfasst werden. Die einzige Möglichkeit, etwas wahrzunehmen, das nicht physischer Natur ist, besteht darin, in sich selbst zu gehen. Wenn wir über das "dritte Auge" sprechen, beziehen wir uns auf die Fähigkeit, etwas zu sehen, was die beiden Sinnesaugen nicht sehen können.

Die sinnlichen Augen sind nach außen gerichtet. Dein Inneres - die Natur deiner selbst und deiner Existenz - wird durch das dritte Auge gesehen. Es ist kein neues Anhängsel oder eine Ritze in deiner Stirn. Das dritte Auge ist die Dimension der Wahrnehmung, durch die man etwas wahrnehmen kann, das jenseits des Physischen liegt.

Je weiter Sie bei der Öffnung Ihres dritten Auges fortschreiten, desto mehr werden Sie belohnt. Zu Beginn werden Sie eine messerscharfe Intuition entwickeln und die Fähigkeit, Ihre innere Weisheit anzuzapfen.

Meditation und das Öffnen des dritten Auges helfen Ihnen nicht nur, höhere Bewusstseinsebenen, eine bessere Selbstwahrnehmung und eine tiefere emotionale Beherrschung zu erfahren, sondern stimmen Sie auch auf eine angeborene Fähigkeit ein, die wir alle teilen - die Intuition. Die Meditation über das dritte Auge wird seit Generationen in traditionellen Kulturkreisen auf der ganzen Welt praktiziert, die die Intuition als den wichtigsten Sinn des Menschen ansehen.

Sie werden schon früh in Ihrer Meditationspraxis feststellen, wie viel innerer Intellekt Ihnen bereits zur Verfügung steht. Und sobald Sie diese innere Weisheit wahrnehmen, haben Sie alle Motivation, die Sie brauchen, um Ihr drittes Auge immer wieder zu öffnen und sein volles Potenzial zu aktivieren.

Ihr drittes Auge wird Ihnen genau sagen können, was Sie brauchen, um Ihre Gesundheit zu verbessern, gesündere Beziehungen anzuziehen und beruflichen und finanziellen Erfolg zu verwirklichen. Ihre Intuition des dritten Auges versteht genau, warum Sie diese Existenz zu diesem Zeitpunkt gewählt haben. Um wie viel besser wäre Ihr Leben, wenn Sie Ihre innere-unendliche Weisheit anrufen könnten, wann immer Sie wollen?

Ihr drittes Auge ermöglicht es Ihnen auch, sich mit dem Gesetz der Anziehung in Einklang zu bringen und das Leben zu manifestieren, das Sie sich wünschen. Diesem Gesetz zufolge ziehen wir das an, woran wir am meisten glauben. Denn Gleiches zieht Gleiches an, und das gilt besonders für unseren Geist. Die wesentliche Kraft des dritten Auges liegt in seinem Potenzial, die Natur unserer Ideen an ihrer Quelle zu verändern. Was ist das Endergebnis? Sorgen, Ängste und negatives Denken werden verringert. Und wenn dieser geistige Ballast erst einmal entfernt ist, wird das, was an seine Stelle tritt, von höchster Güte sein, ganz im Einklang mit dem allgegenwärtigen Gesetz der Anziehung.

Dein mentaler, emotionaler und physischer Zustand wird sich verbessern, wenn sich dein drittes Auge mehr und mehr öffnet, was dir erlaubt, Seelen höherer Ebenen in dein Leben zu ziehen, was zu neuen und besseren Interaktionen auf allen Ebenen führt. Sie werden beginnen, Wohlstand so natürlich zu erschaffen wie das Atmen, da Ihr "durch Meditation aktiviertes" drittes Auge den Weg zu höherem Bewusstsein erhellt. Ein bewussteres, sinnvolleres und bewussteres Leben wird das Ergebnis sein.

Schließlich lernen wir durch das Öffnen unseres dritten Auges, dass Liebe, Frieden und Freude nicht außerhalb von uns selbst zu finden sind. Wir mögen zwar nach äußeren Quellen Ausschau halten, die uns mit mehr Freude, Frieden und Liebe versorgen, doch unsere Intuition führt uns von diesen flüchtigen Quellen weg. Sie weist uns den Weg zu dem grenzenlosen Reservoir an Liebe, Freude und Frieden, das jederzeit in uns existiert. Und sie dient dazu, uns von der unaufhörlichen Sehnsucht nach mehr und dem Elend, das wir erleben, wenn wir nicht genug haben, wegzulocken. Schließlich stößt sie uns sanft zu unserer eigenen unerschöpflichen Quelle der Liebe, Gelassenheit und Freude.

www.ingramcontent.com/pod-product-compliance
Lightning Source LLC
Chambersburg PA
CBHW070947120626
46546CB00004B/1599